N° 159
1873

La
Quenouille de Verre

LA

QUENOUILLE

DE VERRE

OPÉRA-BOUFFE

Représenté pour la première fois, à Paris, sur le Théâtre des BOUFFES-
PARISIENS, le 7 novembre 1873.

CHATILLON-SUR-SEINE. — IMPRIMERIE E. CORNILLAC

LA
QUENOUILLE
DE VERRE

OPÉRA-BOUFFE EN TROIS ACTES

PAR

ALBERT MILLAUD ET HENRI MORENO

MUSIQUE DE

CH. GRISART

PARIS

MICHEL LÉVY FRÈRES, ÉDITEURS

RUE AUBER, 3, PLACE DE L'OPÉRA

LIBRAIRIE NOUVELLE

BOULEVARD DES ITALIENS, 15, AU COIN DE LA RUE DE GRAMMONT

1874

PERSONNAGES

<pre>
LE CONNÉTABLE COMTE DE LA TOUR
    DES DAMES........................ MM. HOMERVILLE.
LE VIDAME DE CLOS-VOUGEOT......   EDOUARD GEORGES
LE BARON DE SAINT-ESTÈPHE.......   GAUDY.
RENÉ DE MAULUCAR, concierge du comte. HAMBURGER.
LA COMTESSE......................... Mmes JUDIC.
LE CHEVALIER MYOSOTIS.............   PESCHARD.
DAME ARTHÉMISE.....................   A. CUINET.
LUCETTE............................   DEBREUX.
VALENTINE..........................   SUZANNE.
BÉATRIX............................   ROSE MARIE.
ROSALINDE..........................   DUCLOS.
CLÉMENTINE.........................   VIÉ.
UN PAGE............................ M. MOREL.
</pre>

ARCHERS, HUSSARDS, PAYSANS ET PAYSANNES.

Moyen âge

N. B. Pour tout ce qui concerne la mise en scène détaillée, s'adresser à M. DESMARETZ, régisseur-général du théâtre des Bouffes-Parisiens.

LA
QUENOUILLE DE VERRE

ACTE PREMIER

Une plate-forme du château de la Tour des Dames, créneaux et poterne au fond, à droite et à gauche bâtiments intérieurs. — A droite au fond, une tour. — Au premier plan à gauche, une loge de concierge. — Comme toile de fond la campagne.

SCÈNE PREMIÈRE

PREMIÈRE PATROUILLE, conduite par CLOS-VOUGEOT, masqué. — DEUXIÈME PATROUILLE, conduite par SAINT-ESTÈPHE également masqué, puis MYOSOTIS, puis la COMTESSE, invisible derrière sa fenêtre.

Au lever du rideau, c'est à peine l'aurore ; la scène est vide, on entend dans les coulisses des appels de cor et la voix des sentinelles.

CHŒUR, dans la coulisse.
Du haut des tourelles
Où sont les hiboux,

Veillez, sentinelles,
Prenez garde à vous.

LES DEUX PATROUILLES, entrant en scène.

Amis, mettons-nous sur nos gardes,
Marchons à pas très-lents, très-lents,
Poursuivons de nos hallebardes
Et les voleurs et les galants.

PREMIÈRE PATROUILLE.

Fiers gardiens de l'honneur des belles,
Nous servons les maris jaloux.

SAINT-ESTÈPHE.

(Parlé.) J'ai l'air d'un archer, c'est un leurre.

DEUXIÈME PATROUILLE.

Pour défendre les citadelles
Il ne faut pas compter sur nous.

CLOS-VOUGEOT.

(Parlé.) On me connaîtra tout à l'heure.

REPRISE DU CHŒUR.

Amis, tenons-nous sur nos gardes.

Sortie des archers, on voit la tête de Myosotis apparaître au-dessus
d'un créneau. Il avance jusqu'au pied de la tour, tire une guitare de
dessous son manteau, et attaque le premier couplet de la sérénade.

SÉRÉNADE

Le Pêcheur de perles.

MYOSOTIS.

1

Là, dit-elle au marin,
Le flot déferle ;
Vois-tu la perle,
Là, dans l'humide écrin ?

Je veux dans l'onde
La perle blonde (*bis*).
Va, dit-elle au marin,
Si tu me cueilles,
Là, dans ces vertes feuilles,
La perle des amours
Je t'aimerai (*bis*) toujours.

II

Là, là, dans le grand flot bleu,
O jeune fille,
La perle brille.
Ah! pour un doux aveu
Ma main trop tendre
Ira la prendre (*bis*),
Là, dans le grand flot bleu.
D'une voix claire
Il fit une prière,
Et l'enfant plongea, mais
Mais ne reparut (*bis*) jamais.

La fin de cette sérénade est reprise à deux voix, la comtesse ayant entr'ouvert sa fenêtre et répondant à la voix de Myosotis. — Après la sérénade, Myosotis entendant les patrouilles, disparaît par où il est entré, et la comtesse ferme sa fenêtre.

DEUXIÈME ENTRÉE DES PATROUILLES.

CHŒUR

Amis, tenons-nous sur nos gardes
Marchons à pas très-lents, très-lents.
Poursuivons de nos hallebardes
Et les voleurs, et les galants.

SCÈNE II

RENÉ DE MAULUCAR.

Il entre en se frottant les yeux, comme un homme qui s'éveille, il tient un plumeau sous le bras.

Hein! j'avais cru entendre... mais non, ce sont les patrouilles qui s'en vont... Oh! les vicissitudes du sort! René de Maulucar.. concierge! Qui l'eût cru? Qui eût dit que ce fringant gentilhomme d'il y a vingt ans, la coqueluche des femmes de la cour, viendrait échouer misérablement dans une loge de Cerbère! O sainte philosophie, soutiens-moi!.. Époussetons, époussetons. (Il donne des coups de plumeau aux créneaux.) C'est drôle, j'ai beau épousseter, il y en a toujours. O sainte philosophie, ma consolatrice! C'est grâce à elle que je ris parfois encore, que j'oublie ma décadence, c'est grâce à elle enfin, que je vais me marier... aujourd'hui même... avec une petite manante charmante...Elle s'appelle Lucette Pitou!... Une mésalliance? une mésalliance! Eh bien, après ..

SCÈNE III

RENÉ, ARTHÉMISE, VALENTINE, BÉATRIX.

ARTHÉMISE, entrant avec les demoiselles d'honneur.

Notre chère comtesse va descendre sur les remparts, il ne faut pas qu'elle trouve ici des reîtres avinés, ou des visages de manants en goguette.

RENÉ, *saluant.*

Mesdames...

BÉATRIX.

Ah! c'est monsieur de Maulucar.

RENÉ.

Lui-même, belles dames. (*S'inclinant devant Arthémise.*) Salut à la grande camérière du château!..

BÉATRIX et VALENTINE, *saluant.*

Monsieur!

ARTHÉMISE.

C'est bien, bonhomme. Eh bien, mesdemoiselles, de la tenue devant un subalterne, devant un concierge.

RENÉ, *amèrement.*

Ah! vous pouvez dire un portier.

ARTHÉMISE, *avec mépris.*

Allez, mon ami, allez à votre loge.

RENÉ.

Vous me faites sentir bien cruellement l'infériorité de ma position. Je n'ai pas toujours été concierge, et du temps où j'étais un gentilhomme...

BÉATRIX.

Un gentilhomme!...

RENÉ.

L'égal de votre maître, le pompeux connétable de La Tour des Dames.

VALENTINE.

Pauvre monsieur de Maulucar!

RENÉ.

Oui, mesdames, René de Maulucar, comte de Villedieu, seigneur de l'île de Noirmoutiers, riche autrefois, aujourd'hui vidé, vanné, panné. O jeunes gens, voilà où peut conduire la funeste passion des dés!

BÉATRIX.

Alors, ce sont les dés...

RENÉ.

Vous l'avez dit. Nuit fatale où je perdis en quelques heures toute ma fortune, y compris ce château, le plus beau joyau de ma couronne... je me trouvai sans ressources, dans un dénûment absolu.

BÉATRIX.

Et votre heureux adversaire, c'était le comte?

RENÉ.

Lui-même. Il fut généreux, me tendit les mains, m'ouvrit les bras... et... la loge.

VALENTINE.

Ce fut un beau trait...

RENÉ.

Il en fut bien récompensé; de même que je fus parfait gentilhomme, je suis parfait concierge... Qui peut le plus, peut le moins.

VALENTINE.

Vous devez aimer un si bon maître.

RENÉ.

Je l'adore, et je le lui prouverai aujourd'hui même, car il n'est pas fier avec moi : il n'oublie pas qu'il a été mon ami, ni moi non plus, et je lui serre la main... pas devant le monde.

ARTHÉMISE.

C'est bien! c'est bien!.. mais voici la comtesse qui descend. Allez-vous-en, monsieur de Maulucar.

RENÉ.

Je me retire. (A part.) Lucette doit s'impatienter. O sainte philosophie!

ARTHÉMISE.

Eh bien ! eh bien !

RENÉ.

Voilà, mesdames, je vous baise les mains. O sainte philosophie !

Il sort.

ARTHÉMISE.

C'est égal, il a de la race!

SCÈNE IV

LA COMTESSE, ARTHÉMISE, VALENTINE,
BÉATRIX, ROSALINDE, CLÉMENTINE.

La comtesse sort toute soucieuse de la tour, elle inspecte de toutes parts la campagne, avec une longue-vue, puis redescend en scène.

LA COMTESSE, à part.

Rien!.. cette voix pourtant, cette voix...

ARTHÉMISE, s'avançant.

Peut-on savoir ce qui met madame la comtesse dans une pareille agitation?

LA COMTESSE, à part.

Dissimulons. (Haut.) Mais, bonne Arthémise, probablement le printemps...

ARTHÉMISE.

Madame a le printemps gaillard... Se lever avant l'aube, après des nuits passées à chanter.

LA COMTESSE, embarrassée.

Ah ! vous m'avez entendue ?

ARTHÉMISE.

Eh, qui ne vous entendrait?.. Telle était par moment l'intensité de votre chant, qu'on eût dit deux voix.

LA COMTESSE.

Merci du compliment !.. Vous le savez, j'ai eu pour professeur le célèbre Cafarelli.

BÉATRIX.

Le fameux chantre de la chapelle Sixtine .

ARTHÉMISE.

Un homme bien respectueux.

LA COMTESSE.

Celui qu'on a surnommé la tranquillité des familles.

ARTHÉMISE.

Enseigne-t-il donc aussi la ventriloquie?.. (A part.) J'ai parfaitement entendu deux voix.

LA COMTESSE qui a repris nonchalamment sa promenade.

Quel ennui ! (Elle bâille.) Quel désœuvrement mortel ! (A part et rêveuse.) Que ces huit jours passés à la cour se sont vite envolés ! Où êtes-vous, Myosotis? où êtes-vous, mon beau neveu? Quelle douce chanson vous m'avez apprise! (Haut.) Vivre toujours seule ici, dans ce manoir, dans cette prison, en tête-à-tête avec les hiboux !

ARTHÉMISE.

Madame oublie son glorieux mari, le comte de la Tour des Dames, un des plus beaux noms de France.

LA COMTESSE.

Ah oui ! vous l'avez dit, un beau nom... et puis voilà tout.

VALENTINE et BÉATRIX, s'approchant.

Bah !

LA COMTESSE.

Croyez-moi, mesdemoiselles... avant tout, épousez un homme...

ARTHÉMISE, avec horreur.

Ah !

LA COMTESSE.

Un homme jeune, qui n'ait pas en tête les fumées de la gloire militaire, un homme enfin qui ne s'en aille pas tous les quinze jours tailler les Sarrasins en pièces.

ARTHÉMISE.

Cela suppose cependant une certaine valeur.

LA COMTESSE.

Avec les Sarrasins... oui...

BÉATRIX.

Vraiment.

LA COMTESSE.

Voici la situation.

COUPLETS

I

Hélas! c'est un dur mécompte
D'être unie et sans retour
A ce brave homme de comte,
Qui ne sait parler d'amour.
Femme d'un homme de guerre,
Quel ennui mortel! hélas!
Tous les jours j'attends, j'espère, } *bis.*
Mon mari ne m'entend pas. }

II

Dans la chambre solitaire
Mon mari, qui rentre tard,
Fourbit ses armes de guerre,
Son brassard, puis son cuissard.

Et tandis que, pauvre femme,
Je lui dis bonsoir tout bas,
Il me dit: Bonsoir, madame... } *bis.*
Mon mari ne m'entend pas. }

Voilà!

Elle s'accoude sur un créneau et regarde mélancoliquement l'horizon.

VALENTINE.

Nous voyons pourtant dans l'histoire les grands guerriers amis des b·lles.

1.

BÉATRIX.

Et Vénus sut trouver chez Mars lui-même le défaut de la cuirasse.

ROSALINDE.

Hercule, n'a-t-il pas filé aux pieds d'Omphale?

CLÉMENTINE.

Et Lusignan ne sut pas résister aux enchantements de Mélusine.

ARTHÉMISE, avec indignation.

Voilà les bienfaits de l'éducation!.. les jeunes filles de mon temps n'étaient pas comme ça.

BÉATRIX.

On raconte pourtant sur votre jeunesse certaine aventure...

ARTHÉMISE, se redressant.

Qu'est-ce à dire, mesdemoiselles, ma vertu est sans tache.. un cas de force majeure, voilà tout!.. C'était à l'époque de l'invasion des Huns et des Visigoths.

LA COMTESSE, qui s'est approchée.

Cela ne vous rajeunit pas.

ARTHÉMISE, soupirant.

Au contraire, il me semble que c'était hier, tant le souvenir m'en est resté vif. — J'habitais avec mon vieil oncle le castel de Crèvecœur, quand un gros de barbares fut signalé dans les environs. Mon oncle, grand pourfendeur devant Dieu, partit à leur rencontre avec tous ses hommes d'armes, me laissant seule dans le château.

LA COMTESSE.

Je prévois des atrocités.

ARTHÉMISE.

Naturellement, pendant qu'il les cherchait à droite, ils arrivèrent par la gauche. Forte des précédents et me souvenant de Jeanne d'Arc, dont je possédais d'ailleurs toutes les traditions, je défendis à moi seule le castel aussi long-

temps qu'il me fut possible, je fus simplement héroïque. Mais je dus succomber sous le nombre et supporter toutes les horreurs d'une ville prise d'assaut. Alaric surtout, Alaric, le chef de ces bandits, fut impitoyable.

Elle sanglotte.

LA COMTESSE.

Pauvre Arthémise !

ARTHÉMISE, avec satisfaction.

C'était un fort bel homme, cinq pieds, six pouces, avec de longues moustaches blondes, un guerrier farouche, auprès duquel vos godelureaux de cour feraient triste figure.

LA COMTESSE, soupirant.

Heureuse Arthémise !

ARTHÉMISE.

Voilà ma triste histoire.

LA COMTESSE.

Et depuis ?..

ARTHÉMISE.

Rien.

UN PAGE, survenant.

Le connétable, mon maître, m'envoie vers vous, gracieuse maîtresse. Il part aujourd'hui même combattre les Sarrasins et désirerait vous entretenir en particulier.

Il sort.

LA COMTESSE.

Encore les Sarrasins ! vous le voyez, mesdames ! Depuis le temps qu'il les taille en pièces, la race cependant en aurait dû disparaître.. Allons, mesdames.

> Qu'il est dur d'être la femme ⎫
> D'un mari qui n'entend pas ! ⎬ *bis.*

Elles sortent.

SCÈNE V

SAINT-ESTÈPHE, CLOS-VOUGEOT.

Les deux acteurs s'appliqueront à s'imiter parfaitement.

SAINT-ESTÈPHE entre d'un côté pendant que Clos-Vougeot entre de l'autre.

Ils suivent du regard la comtesse et lui envoient des baisers sans se voir.

Qu'elle est belle!

CLOS-VOUGEOT.

Qu'elle est majestueuse!

Ils se cognent et se menacent du geste.

SAINT-ESTÈPHE.

Un moment!... Ce masque grotesque ne m'est pas inconnu.

CLOS-VOUGEOT.

Ce facies de singe!..

SAINT-ESTÈPHE.

Clos-Vougeot!

CLOS-VOUGEOT.

Saint-Estèphe!

SAINT-ESTÈPHE.

Je te rencontrerai donc toujours sur ma route!

CLOS-VOUGEOT.

Je ne pourrai donc avoir une idée que tu ne me la prennes aussitôt!

SAINT-ESTÈPHE.

Nous sommes nés le même jour...

CLOS-VOUGEOT.

Ensemble, nous eûmes la petite vérole...

SAINT-ESTÈPHE.

Au collége, nous étions les derniers ex-æquo..

CLOS-VOUGEOT.

A la bataille également en retard...

SAINT-ESTÈPHE.

Mais les premiers à fuir. Aujourd'hui encore...

CLOS-VOUGEOT.

Tu t'es introduit dans ce château...

SAINT-ESTÈPHE.

Depuis deux jours...

CLOS-VOUGEOT.

Comme moi....

SAINT-ESTÈPHE.

Tu t'es déguisé, et fait passer pour un arbalétrier....

CLOS-VOUGEOT.

Comme toi....

SAINT-ESTÈPHE.

Tu as indignement trompé ce brave homme de comte qui n'est qu'un imbécile...

CLOS-VOUGEOT.

Comme toi !

SAINT-ESTÈPHE.

Ah! nous sommes décidément nés sous une étoile néfaste!

CLOS-VOUGEOT.

Accouplés par le sort et condamnés à avoir les mêmes idées, à faire les mêmes choses!

ENSEMBLE.

C'est désespérant!

DUO

I

SAINT-ESTÈPHE.

Je suis baron de Saint-Estèphe!

CLOS-VOUGEOT.

De Saint-Estèphe!
Vidame suis de Clos-Vougeot!

SAINT-ESTÈPHE.

De Clos-Vougeot!
A cent quartiers, mon nom se greffe!

CLOS-VOUGEOT.

Son nom se greffe!
J'ai cent quartiers, voilà mon lot.

SAINT-ESTÈPHE.

Voilà son lot!
Un destin plein de jalousie...

CLOS-VOUGEOT.

Un sort jaloux qui me déplaît,
M'a donné ce sot pour sosie...

SAINT-ESTÈPHE.

M'a donné ce sot pour reflet.

ENSEMBLE

Gentilshommes
Hobereaux,
Ah! nous sommes
Deux jumeaux,
Gais compères,
Très-courtois,
Les deux frères Siamois!
Deux copies!
Deux sosies!
Les deux doigts à la fois!

Deux brins d'herbe !
C'est superbe !
Deux vieux sols
Espagnols !
Deux pervenches
En carton !
Les deux manches,
D'un vestou !...
Palsambleu, nous sommes
Gentilshommes,
L'honneur (*bis*) de la cour,
Faisant à la ronde la guerre et l'amour !

II

SAINT-ESTÈPHE.

Te souvient-il de Corysandre ?

CLOS-VOUGEOT.

De Corysandre !
Hélas ! j'en fus fort amoureux.

SAINT-ESTÈPHE.

Fort amoureux !
Elle avait pris mon cœur trop tendre.

CLOS-VOUGEOT.

Son cœur trop tendre !
Mais nous ne fûmes pas heureux.

SAINT-ESTÈPHE.

Pour elle nous nous embrochâmes !

CLOS-VOUGEOT.

Et, pendant ce beau coup fourré,
Elle s'enfuit, ô cœurs des femmes !

SAINT-ESTÈPHE.

Avec un rival préféré.

REPRISE DE L'ENSEMBLE
Gentilshommes
Hobereaux, etc.

SAINT-ESTÈPHE.

Enfin, tu viens ici pour... est-il besoin de le demander?

CLOS-VOUGEOT.

Pour ce qui t'y amène sans doute?

SAINT-ESTÈPHE.

Pour...

CLOS-VOUGEOT.

La...

ENSEMBLE.

Comtesse!...

SAINT-ESTÈPHE.

Ah! c'en est trop, il faut en finir avec cette comédie...
ou tu auras ma vie, ou j'aurai la tienne.

CLOS-VOUGEOT, découragé.

A quoi bon? nous sommes sûrs de nous embrocher mu-
tuellement.

SAINT-ESTÈPHE.

C'est vrai, il en sera comme pour tous les actes de
notre vie... nous devons trépasser en même temps.

CLOS-VOUGEOT.

Pourtant, voyons si la fatalité nous poursuivra jusqu'au
bout.

Ils tirent leurs épées et croisent le fer. Myosotis apparaît, suivi de son
escorte. Les deux gentilshommes suspendent le combat.

SCÈNE VI

LES MÊMES, MYOSOTIS, suivi de son escorte.

MYOSOTIS, les séparant.

Holà, qu'on ne se batte pas sans moi !

SAINT-ESTÈPHE et CLOS-VOUGEOT.

Qui êtes-vous ?

MYOSOTIS.

Le chevalier Myosotis, capitaine aux hussards de Royal-
Caprice.

SAINT-ESTÈPHE.

Allons, bon ! Encore un régiment de nouvelle forma-
tion !

MYOSOTIS.

AIR

Ah ! le beau métier
D'être officier !
Toujours (*bis*) en fête,
La dague au poing, la toque en tête, (*b.s*)
Toujours à la piste d'une conquête,
C'est moi,
Corbleu !   } *Bis.*
C'est moi,
Le petit capitaine du roi !

I

Si je n'ai pas mine guerrière,
N'allez pas croire là mes galons
Que je ne suis qu'un militaire
A parader dans les salons (*bis*).

Quand l'on guerroie et qu'on bataille,
Sous le casque et sous le brassard,
Je me bats d'estoc et de taille,
En jurant comme un vrai soudard,
Un vrai soudard.

II

Mais après les luttes cruelles,
Sans armure et sans fourniment,
Je m'humanise avec les belles,
A qui je plais infiniment (*bis*).
Je sais charmer les plus farouches
Et je sais faire avec entrain
Chanter à leurs petites bouches
Les jolis mots de ce refrain :
Corbleu !
Morbleu !
Sambleu !

REPRISE.

Ah ! le beau métier, etc.

Sur la ritournelle, Myosotis fait signe à ses soldats de sortir.

MYOSOTIS.

Or çà, maintenant expliquez-moi vos griefs ? Pourquoi,
généreux Saint-Estèphe, croisez-vous le fer contre le
bouillant Clos-Vougeot ?

CLOS-VOUGEOT.

Tiens, il nous a reconnus !

MYOSOTIS.

Et qui ne reconnaîtrait les deux plus grands fous de la
cour ? qui, connaissant leurs cœurs inflammables, ne devi-
nerait le motif qui les a poussés céans ?

SAINT-ESTÈPHE, vivement piqué.

Vous vous trompez, mon petit Wergiss mein nicht...

MYOSOTIS.

Avouez que vous êtes ici pour la comtesse... Ah ! ne vous troublez pas... Je viens pour le même motif.

CLOS-VOUGEOT et SAINT-ESTÈPHE.

Bah !

MYOSOTIS.

Neveu du comte, pour la première fois j'ai vu ma jolie tante à la cour, lorsqu'il eut l'imprudence de l'y mener aux fêtes données par le roi. Depuis je suis tout à elle !

SAINT-ESTÈPHE.

Mais alors, vous êtes un rival !

CLOS-VOUGEOT.

Alors, c'est un duel à trois !

MYOSOTIS.

Pourquoi nous couper la gorge ? Faisons mieux, jurons de nous comporter loyalement les uns envers les autres comme des gentilshommes, et sans employer de manœuvres perfides. Celui qui l'emportera dans cette lutte courtoise...

CLOS-VOUGEOT.

Et à main plate..

MYOSOTIS.

Verra se retirer les autres. Est-ce dit ?

SAINT-ESTÈPHE.

C'est dit !

ENSEMBLE, étendant la main.

Nous le jurons !

MYOSOTIS, qui a été regarder à droite.

Mais, garde à vous ! voici mon oncle.

Il disparaît.

SCÈNE VII

LES MÊMES, moins MYOSOTIS, — LE COMTE entre
tout réjoui et envoie de la main un petit salut protecteur à ses capitaines
au port d'armes.

LE COMTE.

Le prinstemps s'avance, tout arde dans la nasture, les
plantes se gonflent sous l'effort de la séve... la tourterelle
est inquiète et la salade pousse.. C'est l'époque où le connestable en liesse s'en va percevoir dans les campagnes
les droits du seigneur.... Le connestable, c'est moi! (Regardant les deux capitaines qui ne bronchent pas). Quelles testes!
quelle discipline... et de solde, oncques, absolument oncques.... remettez ette.. (Leur faisant un signe.) Oÿez, vous
aultres et approuchez. (Ils s'avancent mécaniquement). Je vais
partir! (Mouvement de satisfaction des capitaines)... Oh! pas pour la
guerre, comme le croit ma chère femme; il y a beau jour
que mes ancêtres exterminoient le dernier Sarrasin....
Mais la loi, vous le savez, m'enjoint à cettuy moment d'aller percevoir de mes vassaux certains droits mignons...

Clos-Vougeot et Saint-Estèphe font claquer leurs langues.

LE COMTE, les regardant, prend un temps, puis continue.

Moult tendrons amoureux sospirent après ma veunue,
veu que nulle parmi vassales n'a le droit de convoler en
noĭces que le seigneur...

CLOS-VOUGEOT, et SAINT-ESTÈPHE.

Hum! hum!

LE COMTE.

Livre III, chapitre x : *De servitute puellarum*. Oh! oh!
ne vous pourléchez de la sorte, et ne vous tordez ainsi
les badigoinces; à se despartir par tous les temps à tra-

vers monts et vallées, quand on a mon âge, est plus d'estrif
que gaudissement.

> Les gentilshommes, qui plusieurs fois déjà, en écoutant ce vieux langage,
ont fait signe qu'ils ne comprenaient pas, finissent par sortir un dic-
tionnaire de leur poche et le feuillètent.

CLOS-VOUGEOT, cherchant.

Estrif? quel drôle de dialecte!

SAINT-ESTÈPHE.

Animal antédiluvien, va!

LE COMTE.

Ah çà! qu'est-ce qu'ils cherchent donc comme ça...
qu'est-ce que vous cherchez là-dedans?

CLOS-VOUGEOT.

Que sa seigneurie ne s'inquiète, pour être à même de
ne rien perdre de son galoubet classique, nous avons dû
nous munir d'un lexique de Rabelais.

LE COMTE.

Galoubet! (Après avoir cherché à comprendre, il fait signe qu'il y renonce.)
Enfin, j'en reviens au point important de mon discours...
Je vais issyr de ce chasteau.

CLOS-VOUGEOT.

Issyr! (Il cherche dans son livre.) Ah bon! s'esbigner.

SAINT-ESTÈPHE, même jeu.

Prendre la poudre d'escampette!..

LE COMTE, cherchant.

S'esbigner? prendre la poudre d'escampette?.. Au fait,
si vous croyez que je ne la connais pas votre langue...
c'est du javanois... après tout, dans l'intimité, je puis bien
me déboutonner.

SAINT-ESTÈPHE.

Faites donc, vénéré seigneur.

LE COMTE, changeant de ton.

Ce qui me chiffonne dans tout cela, c'est de quitter ma

chère femme que j'aime tant... elle est mon joyau, ma couronne.

CLOS-VOUGEOT.

Votre chou-fleur !..

LE COMTE.

Mon âme blanche !

SAINT-ESTÈPHE.

Votre chien coiffé !..

LE COMTE.

Ma perle pure, ma lumière du soir et du matin ! J'en suis terriblement jaloux, mais, que voulez-vous, d'autres belles me réclament pour l'instant.

COUPLETS

I

Plus épris que Roméo,
Et plus jaloux qu'Othello,
Pour toute belle
J'ai le cœur rempli d'émoi.
Mais je prétends que chez moi
On soit fidèle
Oh ! vous allez blâmer, papa, (*bis*)
Que voulez-vous, c'est comme ça ! (*bis*)

II

Quand je vois une beauté,
Adieu la fidélité !
Je suis sensible !
Mais quand on me fait les traits
Qu'à d'autres moi seul je fais,
Je suis terrible !
Ah ! vous allez blâmer, papa, (*bis*)
Que voulez-vous, c'est comme ça ! (*bis*)

SCÈNE VIII

LES MÊMES, MYOSOTIS

MYOSOTIS, *s'avançant avec timidité (son escorte le suit et reste au fond).*

Oserais-je vous présenter, mon oncle, mes respectueux hommages?

LE COMTE.

Comment, tu es là, mon beau neveu! Et qu'est-ce que tu viens faire ici?

MYOSOTIS.

Je viens passer mon congé près de vous, mon oncle.

LE COMTE, *regardant les hussards.*

Avec ces messieurs?..

MYOSOTIS.

C'est mon escorte, mon oncle.

LE COMTE.

Tu aurais pu amener tout ton régiment, pendant que tu y étais.

MYOSOTIS.

Est-ce un reproche?

LE COMTE.

Mais non, petit, agis ici comme chez toi ; seulement tu le vois, je vais partir... Enfin tu passeras ton temps ici comme tu pourras. Il y a de bon vin et de jolies chambrières.

MYOSOTIS, *faisant mine de rougir.*

Oh! mon oncle.

LE COMTE.

Comment, toujours aussi peu dégourdi, joli chérubin. *(A Clos-Vougeot et à Saint-Estèphe.)* Figurez-vous, messieurs...

Il leur parle bas.

CLOS-VOUGEOT et SAINT-ESTÈPHE, *étonnés.*

Bah !

LE COMTE.

C'est, comme je vous le dis. Ah! celui-là, je puis le laisser sans crainte près de ma femme.

CLOS-VOUGEOT, *à part.*

Le petit cafard !

SAINT-ESTÈPHE.

Comédien !

LE COMTE, *à Myosotis.*

Je te laisse donc ici... tu veilleras sur ta tante avec ces deux braves capitaines. Vous entendez, vous autres, faites bonne garde, garde aux galants surtout ; mais avec trois vaillants de votre espèce je puis partir tranquille.

MYOSOTIS, CLOS-VOUGEOT, SAINT-ESTÈPHE, *à part sur le devant de la scène.*

Ces maris sont tous les mêmes.

LE COMTE.

Mais quel est ce bruit de fête !

La poterne du fond s'ouvre et l'on voit paraître toute une noce. — Myosotis s'éloigne avec son escorte.

SCÈNE IX

LES MÊMES, LUCETTE, RENÉ, CHOEUR DE PAYSANS ET DE PAYSANNES.

CHOEUR

C'est un beau jour pour nous,
Quand l'épouse, avec un sourire,
La main dans la main de l'époux,
Vient saluer notre bon sire !
Ah! quel beau jour! (*bis*)

LE COMTE.

Eh bien, maintenant, me dira-t-on ce qui vous mène
céans...

RENÉ.

Voilà, c'est moi qui me marie.

LE COMTE.

Vous ! allons donc....

RENÉ.

Et pourquoi pas? y a-t-il donc si longtemps que tu t'es
marié toi-même ?

LE COMTE, piqué.

Encore! vous me tutoyez (A part.) Ce garçon-là est in-
supportable. Je m'obstine à le remettre à sa place, il en
sort toujours! (Haut.) C'est bien, en voilà assez!

RENÉ, avec amertume.

Ah! de la dignité maintenant!.. Je comprends. Où sont
les splendeurs d'autrefois?.

LE COMTE.

Voilà, rouleur de dés, où peut conduire la funeste passion du jeu.

RENÉ, suppliant.

Ne m'accable pas le jour de mon mariage.... fatale partie!.. Dire, que si au lieu d'un six tu avais seulement
amené un cinq, c'est toi qui serais dans ma position!

LE COMTE.

Monsieur! Il me semble que vous perdez le respect! (A
part.) Il a raison pourtant. (Haut.) Donc vous vous mariez,
et qu'attendez-vous de moi ? (A part) Je le remets à sa
place! (Haut.) Une dot, sans doute ! Tenez, voici ma bourse,
puissiez-vous n'en pas perdre le contenu au bouchon.

Le comte lui jette sa bourse.

RENÉ, la recevant.

Oh! toujours des humiliations! (Il met la bourse dans sa

2

poche.) **Je viens demander mieux.... Je viens, selon l'antique usage, te présenter ma femme et te prier...**

Il parle bas au comte.

LE COMTE.

Quoi! tu veux? Non, mon vieux compagnon, je vous exempte de cette servitude.

RENÉ.

Ah! tu ne me feras pas cette inconvenance!

LE COMTE.

Je ne comprends plus rien à cet original.

RENÉ.

Je veux savourer jusqu'au bout l'amertume de ma position.

LE COMTE.

Vous y tenez absolument, soyez donc exaucé! Voyons! Où est votre femme. (S'approchant de Lucette.) Charmante en vérité! œil flambant, jambe moulée, et avec cela un air d'innocence!

RENÉ.

Eh bien! es-tu satisfait?

LE COMTE, brusquement.

Qu'on nous laisse! (A Clos-Vougeot.) Emmenez-moi ces braves gens à l'office, et qu'on les abreuve de vins généreux... (Le prenant à part.) Vous savez, le petit suresnes, à la dextre du caveau, en entrant.

SAINT-ESTÈPHE, allant au comte.

Vous le savez, seigneur, dix minutes pas plus, c'est le règlement.

LE COMTE.

Et, que vous importe?

RENÉ, bas à Lucette en se retirant.

Bon courage et résignation... pense à ta mère. (Serrant la main du comte.) Merci, mon vieux, et à ta disposition.

LE COMTE, froissé.

C'est bien ! Retournez dans votre loge.. je vais partir tout à l'heure, vous me tirerez le cordon.

RENÉ.

Enchanté de faire quelque chose qui puisse t'être agréable !

REPRISE DU CHŒUR.

Ah ! quel beau jour, etc.

Sortie.

SCÈNE X

LE COMTE, LUCETTE.

LUCETTE, à part.

Courage ! résignation ? (Innocemment) Qu'est-ce qu'ils veulent dire ?

LE COMTE, gaillard, veut lui prendre la taille.

Eh bien, tendre colombelle, nous voici seuls !

LUCETTE, s'éloigne effarouchée.

Pas si près, monseigneur.

LE COMTE.

Comment, pas si près ! dis-moi, farouche amie, n'as-tu jamais ouï parler de certains priviléges du seigneur ?

LUCETTE.

Ne sais ce que voulez dire.

LE COMTE.

Quoi ? madame votre mère, que je me souviens très-bien avoir mariée dans ma verte jeunesse, aurait-elle manqué à ses devoirs au point de ne vous pas endoctriner sur l'obéissance que doit toute femme serve à son féal suzerain.

LUCETTE.

Elle ne m'en a soufflé mot.

LE COMTE.

Vous n'êtes pas du moins tout à fait ignare des jeux de l'amour et du hasard?

LUCETTE

L'amour, le hasard, qué qu' c'est que ça?

LE COMTE.

Oh ! oh ! ma mie, vous me la baillez belle. (A part.) Faisons de la poésie... à moi, Ronsard ! (Haut.) Quoi ! cette main gracieuse (Il lui prend la main), aucun gars dans le village ne l'a pressée le soir, quand on danse et se trémousse là-bas autour du grand marronnier ?

LUCETTE.

Je n'en ai pas souvenance.

LE COMTE, baisant la main gloutonnement.

A quoi donc pensent les gars de ce pays? (A part.) Continuons, vraiment, ce jeu est délectable. A moi, Montesquieu ! (Haut.) Et cette bouche, fleur éclose, le baiser d'un amoureux n'est-il jamais venu l'effleurer ?

LUCETTE.

Je ne le pense pas, à moins que ce ne soit en dormant.

LE COMTE.

Elle est charmante, décidément les jouvenceaux de ce pays sont aveugles. (Il veut l'embrasser, elle se dérobe farouchement.) Oh! mais, oh! mais, c'est une éducation complète à faire et n'ay le loisir de l'entreprendre. (Haut.) Ecoutez, Lucette ; (Gravement.) je n'ai pas le temps de vous enseigner ce qu'est un seigneur, et force m'est de remettre ce devoir à mon retour.

LUCETTE, joyeusement.

C'est toujours ça de gagné !

LE COMTE.

En attendant, j'entends, Lucette, vous attacher au ser-

vice de la comtesse, vous logerez là-haut dans cette tou-
relle, et c'est là qu'un beau jour ou un beau soir, le tren-
tième après mon départ, vous verrez apparaître à l'impro-
viste et incognito un homme encore vert, au front noble
et aux traits réguliers, avec quelque chose de divin ré-
pandu sur le visage, ce sera moi.

LUCETTE.

Les voyages peuvent-ils donc changer à ce point?

LE COMTE.

Tels sont les ordres de votre esclave. Mais silence...
voici la société qui revient.

SCÈNE XI

LES MÊMES, RENÉ, CLOS-VOUGEOT, SAINT-
ESTÈPHE, PAYSANS et PAYSANNES.

PETIT CHŒUR

Le temps est passé, notre maitre
Et nous revenons justement.
Nous supposons que tout doit être
Fini d'après le règlement.

Bis.

RENÉ, bas à Lucette.

Eh bien, que t'a dit le seigneur?

LUCETTE.

Ma foi, il ne m'a guère jasé...

RENÉ, bas au comte.

Décidément, tu n'es pas gentil?

LE COMTE, soupirant.

Que veux-tu? On n'est plus heureux à notre âge...

2.

mais à mon retour... au fait, je ne puis vous laisser céans, mon gaillard, vous braconneriez sur les terres seigneuriales ; je t'emmène avec moi, vous me servirez d'écuyer.

RENÉ.

C'est trop d'honneur !

LE COMTE.

Nenni, je t'en veux accabler...

RENÉ.

Mais, ma ménagère !

LE COMTE.

Elle restera au château, et nous la retrouverons au retour, tous les deux.

La comtesse paraît au haut d'un perron à droite

SCÈNE XII

Les Mêmes, LA COMTESSE, ARTHÉMISE, VALENTINE, BÉATRIX, MYOSOTIS.

LE COMTE.

Me voici sur mon départ, il ne me reste plus qu'à faire mes adieux à ma gracieuse dame. Oui, comtesse, les Sarrasins en ont ainsi ordonné, ils m'arrachent loin de vos bras, mais ils sentiront toute la lourdeur du mien... je vais rejoindre l'armée du roi.

LA COMTESSE.

Vous allez encore me laisser seule ?

LE COMTE.

Seule? (Montrant Clos-Vougeot et Saint-Estèphe.) Pour quoi donc comptez-vous ces vaillants hommes d'armes, ces deux braves capitaines que je laisse ici ? ne reconnaissez-vous pas là notre vaillante réserve... bonne à garder les places fortes, a dit le roi, mais ne lui demandez pas l'offensive.

LA COMTESSE.

Merci !

LE COMTE, présentant Myosotis.

C'est comme ce jeune volontaire d'un an que je vous présente, et à qui je confie votre garde pendant mon absence.

LA COMTESSE, retenant un cri.

Ciel ! Myosotis !

MYOSOTIS, tombant aux pieds de la comtesse.

Vous n'aurez jamais, haute et noble maîtresse, plus dévoué serviteur... et vous pouvez me mettre à l'épreuve.

LA COMTESSE, bas à Myosotis, le relevant.

J'accepte de grand' joie vos services, oiseau qui chantez si bien.

Myosotis se retire.

LE COMTE.

Là, les voilà les meilleurs amis du monde ! Et maintenant, René, en route... Ah ! j'oubliais...

CLOS-VOUGEOT.

Ne déménagera-t-il jamais ?

LE COMTE, aux pages.

Qu'on m'apporte les quenouilles!

SAINT-ESTÈPHE.

Enfin ! il va filer.

Des pages apportent une corbeille, où se trouvent des quenouilles de verre.

LE COMTE.

C'est une coutume dans ma famille, la famille de la Tour des Dames, (Tout le monde salue) de laisser aux femmes, quand le seigneur part pour la guerre, cette quenouille de verre, pour filer la laine pendant l'absence du mari ; il est avéré qu'elle se briserait à la moindre infidélité.

CLOS-VOUGEOT.

Dame Galswinthe a laissé pourtant triste réputation de linotte coiffée.

SAINT-ESTÈPHE.

Et, sur la sénéchale de la Tour des Dames, je sais des choses .. oh ! mais, des choses... c'est papa qui me l'a dit !

LE COMTE.

Voici le talisman, faites-en bon usage; je suis bien persuadé qu'avec vous , l'honneur des femmes de ma maison ne courra aucun risque.. (Montrant les quenouilles à la comtesse.) Les voici, c'est vous qui les distribuerez.

LA COMTESSE.

Quelle scie ! maudite quenouille !

LE COMTE, aux femmes présentes.

Oh ! il y en a pour tout le monde... même pour dame Arthémise, dont la vertu certes est pourtant à l'abri des soupçons.

ARTHÉMISE.

Assurément, sans les cas de force majeure. (Regardant Valentine et Béatrix qui étouffent de rire.) Ah ! par exemple, on fera bien d'en donner deux à ces demoiselles... dites d'honneur.

FINAL

RÉCITATIF

LE COMTE.

Vous connaissez ce talisman?
Vous savez comme il est fragile.
Il faut en user prudemment.

LA COMTESSE.

Mon cher seigneur, soyez tranquille,
Je sais qu'en maint et maint château
On a des quenouilles pareilles.

Je sais qu'on en fit un rondeau
Dont on m'a corné les oreilles.

LE CHŒUR.

Ecoutons le rondeau!

CHANSON DE LA QUENOUILLE

LA COMTESSE.

I

Ulysse, en voyage partant,
Dit à sa femme belle et sage :
O Pénélope, en vous quittant
De votre amour je veux un gage.
Promettez-moi donc, au moment
Où vers la guerre je galoppe,
De me garder fidèlement   }
La quenouille de Pénélope.   } *Bis.*

Reprise du dernier vers en chœur.

II

Il la quitta : maint prétendant
Voulut l'arracher à sa laine.
On se montrait épris, ardent. .
Ah! vraiment, c'était bien la peine!
La dame avait le cœur trop froid...
Pour y craindre quelque syncope,
Et jamais ne quitta du doigt   {
La quenouille de Pénélope.   } *Bis.*

Reprise du dernier vers en chœur.

III

Le placard de linge était plein.
Quand l'époux revint, dans l'armoire

Il trouva six robes de lin.
C'est depuis ce jour, dit l'histoire,
Que malgré sa fragilité,
On cite dans toute l'Europe
Comme emblème de chasteté,   } *Bis.*
La quenouille de Pénélope.   }

Reprise du dernier vers en chœur.

LE CONTE.

C'est parfait, je n'ai plus de doute;
Maintenant mettons-nous en route.

CHŒUR

Allons, partons / partez en voyage *(bis)* }
Allons, manants et vassaux,   } *Bis.*
Conquérons par nos assauts   }
Les bons droits du vasselage.   }

GRAND ENSEMBLE

Au temps joyeux du moyen âge,
Les vrais bons sires châtelains
Ont tous les droits de braconnage
Sur les terres de leurs vilains.
Ils pénètrent dans les familles,
Cassent les pots avec gaité,
Prennent la taille aux jeunes filles,
Et le vassal est enchanté!

REPRISE DU CHOEUR.

Allons, partons, etc.

ACTE DEUXIÈME

Une salle du château. A droite et à gauche portes conduisant aux apparte-
ments. — Au lever du rideau, on festoie ; les vins généreux circulent.

SCÈNE PREMIÈRE

LA COMTESSE, MYOSOTIS, CLOS-VOU-
GEOT, SAINT-ESTÈPHE, ARTHÉMISE, VA-
LENTINE, BÉATRIX, Chœur.

CHŒUR

Pendant que le seigneur touche
Les petits impôts mignons,
Nous, chantons à pleine bouche,
Vidons les joyeux flacons (*bis*).

CLOS-VOUGEOT.

Je bois à vous, chère comtesse.

SAINT-ESTÈPHE.

Moi, je bois à votre santé.

CLOS-VOUGEOT.

A vous, la belle enchanteresse !
A la beauté !

LA COMTESSE.

Messieurs, il me plaît de vous croire...
J'accepte et je vous fais raison.

Désignant Myosotis.

Monsieur, pendant qu'on verse à boire,
Va nous chanter une chanson.

MYOSOTIS.

I

Joyeux buveurs, sous la tonnelle,
    Dans vos doux ébats,
En vidant le vin qui ruisselle,
    Voyez-vous là-bas
Ces deux beaux enfants qui s'embrassent.
    En disant (*bis*) toujours :
Voilà les amoureux qui passent,
    Buvons (*bis*) à leurs amours!

Reprise des deux derniers vers en chœur.

II

Non, vous n'avez à vos oreilles
    Qu'un bruit argentin,
Non, vous ne voyez que bouteilles
    D'où sort le vieux vin.
Pendant ce temps, les mains s'enlacent,
    Aveugles et sourds!
Voici les amoureux qui passent,   )
Buvons (*bis*) à leurs amours!   ) *Bis.*

Reprise des deux derniers vers en chœur.

CLOS-VOUGEOT et SAINT-ESTÈPHE.

Elle est charmante son histoire!

SAINT-ESTÈPHE, *titubant.*

J'aime à chanter et j'aime à boire!...

CLOS-VOUGEOT, même jeu.
J'aime à chanter et j'aime à boire!

LA COMTESSE et MYOSOTIS.
Ils sont ivres comme des Suisses!
Voyez-les, déjà décrivant
Des zig zags remplis de caprices
Sur le parquet un peu glissant!   } *Bis.*

SAINT-ESTÈPHE.
En effet, je glisse, je glisse.
CLOS-VOUGEOT.
Je suis ivre comme un gros Suisse!
LE CHOEUR.
Ah! qu'ils sont gris!
CLOS-VOUGEOT.
Bonsoir, (*bis*) charmante connétable,
Sœur des grâces et des ris.
LA COMTESSE et MYOSOTIS.
Ils roulent (*bis*) déjà sous la table.
Ah! qu'ils sont gris!
LE CHOEUR.
Ah! qu'ils sont gris!
CLOS-VOUGEOT.
Estèphe, je vois tout en rose!
SAINT-ESTÈPHE.
Moi, j'ai les mollets harassés!

Ils tombent.

MYOSOTIS.
C'est tous les jours la même chose...
Nous en voilà débarrassés!
LA COMTESSE.
Chut, voici l'heure où le repos commence,
A l'angelus on se retrouvera.

Tout doucement, descendez en silence,
A la veillée, on reviendra.

   A Myosotis.

Tu sais quels soucis m'embarrassent ;
Reviens bientôt à mon secours.

CLOS-VOUGEOT et SAINT-ESTÈPHE, endormis sur le parquet.

Ce sont les amoureux qui passent,
Buvons à leurs amours.

   REPRISE DU CHŒUR.

Chut, voici l'heure où le repos commence,
L'angelus nous rappellera,
Eloignons-nous, faisons silence,
A la veillée on reviendra.

        Sortie.

Tout le monde sort, excepté la comtesse et les deux gentilshommes qui
dorment sur le plancher.

SCÈNE II

LA COMTESSE, CLOS-VOUGEOT,
SAINT-ESTÈPHE.

LA COMTESSE.

Voilà ! le tour est joué encore une fois, il ne reste plus
qu'à faire enlever ces deux outres pleines... et dire que depuis le départ du connétable, la scène que vous venez de
voir, se renouvelle tous les jours, avec ou sans musique ;
je n'ai pas trouvé d'autre expédient, pour me débarrasser
de ces deux insipides prétendants. C'est une idée de
Myosotis. (Soupirant.) Ah ! Myosotis, lui aussi devient bien
pressant.. Ah ! cette maudite quenouille ! J'ai eu une peur
hier ! (Examinant la quenouille.) Elle doit être un peu fêlée, bien

sûr. (Contemplant Clos-Vougeot sous la table.) Quant à toi, vidame,
que Bacchus t'ait sous bonne garde !

Elle le salue gravement.

CLOS-VOUGEOT.

Se levant un genou en terre, et avec un grand flegme.

Ah ! vous saluez fort bien, madame.

LA COMTESSE, se reculant effrayée.

Aie ! je suis jouée !

CLOS-VOUGEOT.

Ecoutez, comtesse, il faut que ça finisse. Ne voilà t'il
pas un beau jeu de gorger ainsi de vin deux honnêtes gentilshommes pour les mettre hors d'état de courtiser les
belles.

LA .COMTESSE.

Joli passe-temps !

CLOS-VOUGEOT.

Vous le voyez, je suis subtil, j'ai pénétré votre jeu, et
tandis que le baron cuve son vin sous la table et ronfle
comme un homme mal élevé qu'il est, moi, l'homme fin,
me voici à vos pieds et vous m'écouterez !

SAINT-ESTÈPHE, tombant de l'autre côté aux genoux de la comtesse.

A deux de jeu, vidame !

CLOS-VOUGEOT.

Le traître !

LA COMTESSE.

Nous voilà trois, j'aime mieux ça !

Elle se recule un peu et laisse les deux amoureux en présence et à genoux.

SAINT-ESTÈPHE.

Il faut compter avec moi... j'idolâtre aussi madame...

CLOS-VOUGEOT.

Quelle peste de traîner après soi un reflet de la sorte !..
je te pourfendrai !...

SAINT-ESTÈPHE.

Tu ne mourras que de ma main.

LA COMTESSE.

Si je profitais de ce qu'ils causent de leurs petites affaires...

Elle fait mine de s'esquiver.

CLOS-VOUGEOT, *l'arrêtant.*

Non pas, vous resterez, madame; nous sommes ici deux gentilshommes qui ne veulent plus être joués.

SAINT-ESTÈPHE.

Vous êtes à notre merci !

LA COMTESSE.

Et mes gardes?

CLOS-VOUGEOT.

Achetés !

LA COMTESSE.

C'est un procédé indigne de deux galants chevaliers.

CLOS-VOUGEOT.

Oh ! nous autres gentilshommes du moyen âge, nous n'avons pas de ces scrupules ; il vous faut faire un choix.

LA COMTESSE.

Mais, cette quenouille, messieurs ?

CLOS-VOUGEOT et SAINT-ESTÈPHE, *riant.*

Ah ! ah ! ah !

LA COMTESSE.

Vous ne savez donc pas que mon mari m'a donné une tâche à accomplir pour m'empêcher de penser à autre chose.

CLOS-VOUGEOT.

Et quelle tâche vous a été imposée?

LA COMTESSE.

Je dois filer de quoi tisser quatre paires de draps ! ce n'est pas une petite affaire.

SAINT-ESTÈPHE.

Mais, je remarque tous les matins que votre besogne en est toujours au même point.

LA COMTESSE.

Vous divaguez.

CLOS-VOUGEOT.

Eh bien ! soit comtesse, quand votre tâche sera terminée, quand vous aurez vos quatre paires de draps, promettez-vous enfin de vous décider ?

LA COMTESSE.

Je le promets. (À part.) Ils attendront longtemps.

CLOS-VOUGEOT.

J'ai une idée...

SAINT-ESTÈPHE.

Tiens, un stratagème !..

CLOS-VOUGEOT, à part et sentencieusement.

On a vu quelquefois la reconnaissance attacher le cœur des femmes, plus même que la violence.

SAINT-ESTÈPHE, même jeu.

Essayons, il sera toujours temps de recourir aux moyens d'action.

LA COMTESSE, à part.

Qu'est-ce qu'ils ruminent ?

CLOS-VOUGEOT, à la comtesse.

Excusez, madame, notre violence de tout à l'heure.

SAINT-ESTÈPHE.

Et n'en accusez que la passion qu'ont su nous inspirer vos charmes.

Ils vont pour sortir et se heurtent au seuil de la porte.

CLOS-VOUGEOT, à part.

Comme je vais te rouler !

SAINT-ESTÈPHE, à part.

Comme tu vas être refait !

Ils sortent en saluant la comtesse.

SCÈNE III

LA COMTESSE, MYOSOTIS.

LA COMTESSE.

Ah! je me suis bien défendue!.. Mais que fait donc Myosotis? (A Myosotis qui entre.) Enfin vous voilà, mon gentil neveu! Si vous saviez ce qui vient de m'arriver.

MYOSOTIS.

On vous a outragée... je cours.

LA COMTESSE.

Pas tant de hâte, beau chevalier, notre ruse est éventée! Clos-Vougeot et Saint-Estèphe ont deviné notre stratagème... Ils ne sont plus gris.

MYOSOTIS.

Les mécréants !

LA COMTESSE.

Maintenant, ils se conduisent en gens du monde, ils ont tenue décente et façons exquises...

MYOSOTIS.

Les rustres !

LA COMTESSE.

Et ils m'ont déclaré qu'ils m'aimaient... qu'il fallait choisir entre eux.

MYOSOTIS.

Les infâmes !

LA COMTESSE.

Et je suis bien embarrassée...

MYOSOTIS.

Que leur avez-vous dit ?

LA COMTESSE.

Que je leur répondrais quand l'ouvrage que je fais, le chanvre que nous filons, sera achevé.

MYOSOTIS.

Hélas! nous sommes perdus, car il est bien avancé.

LA COMTESSE.

Enfant, venez vous asseoir ici, et aidez-moi à défaire cet ouvrage.

Elle lui présente la quenouille et la bobine.

MYOSOTIS.

Pourquoi toujours défaire?

LA COMTESSE.

Pour recommencer, c'est là le plaisir...

MYOSOTIS.

Assis à vos pieds, en vous regardant, je ne puis m'empêcher de vous comparer à une étoile.

LA COMTESSE.

Filante!

MYOSOTIS.

Pourquoi ne voulez-vous pas que je vous débarrasse autrement de ces deux imbéciles?

LA COMTESSE.

Et comment en les provoquant? je ne veux pas que vous risquiez ainsi votre vie...

MYOSOTIS.

Ah! chère tante, je mourrais pour vous avec plaisir. Et puis mon oncle ne m'a-t-il pas constitué le gardien de son honneur; son honneur, c'est le mien!..

LA COMTESSE.

Et comme c'est moi qui suis son honneur... petit hypocrite...

MYOSOTIS.

Ah! si vous vouliez, nous pourrions bien nous moquer de Saint-Estèphe et de Clos-Vougeot.

LA COMTESSE.

Il me semble que vous ne vous en privez pas?

MYOSOTIS.

Vous ne me comprenez pas... et pourtant, vous qui êtes si belle et si bonne, ne savez-vous pas que mon oncle peut revenir d'un moment à l'autre, et alors tout est fini pour moi, je n'aurai plus qu'à me faire tuer à la guerre.

LA COMTESSE.

Ne parlez pas ainsi, enfant.

MYOSOTIS.

Vous me rendez la vie bien cruelle. Oh! j'avais espéré mieux quand, à cette fête chez le roi, nous allions tous les deux dans le parc chanter le soir cette chanson que je vous ai apprise...

LA COMTESSE.

Ne me parlez pas de cela.

MYOSOTIS.

Si fait, parlons-en, au contraire...

DUO

MYOSOTIS.

Vous avez donc oublié cette histoire,
Madame, et le plus tendre amant.
C'était au fond d'un parc et pendant la nuit noire,
A vos genoux j'ébauchais mon roman.

LA COMTESSE.

Ce fut un moment de folie,
Bien doux, j'en conviens, mon gentil chevalier.
Il n'est telle douceur qu'à la fin on n'oublie.
A mon tour, je veux oublier.

MYOSOTIS.

Quoi! tu veux oublier, tu ne veux plus entendre...

LA COMTESSE.

Je voudrais oublier, mais je ne le puis pas...

MYOS TIS.

Ce que tout bas te chantait ma voix tendre,
Ce que ma voix te murmurait tout bas.   } *bis*

SONNET

Si vous m'aimiez, ô farouche sirène,
Je me ferais poëte harmonieux,
Ou, dessinant votre image sereine,
Peintre admiré, pour ravir tous les yeux.

Je me ferais courageux capitaine,
Pour vous donner un nom plus glorieux;
Je me ferais roi pour vous faire reine,
Je me ferais Dieu pour vous mettre aux cieux,

Alors la mer et ses vagues profondes,
    Alors les rois, et les cieux, et les mondes
    Se courberaient à chacun de vos pas....

    Et, satisfaite enfin d'un tel empire,
    Je serais fier de vous voir me sourire...
Si vous m'aimiez, mais vous ne m'aimez pas.

LA COMTESSE.

Mon ami, taisez-vous de grâce,
Ce n'est plus le temps de chanter;
Calmez-vous, prenez votre place,
Je ne veux pas vous écouter.
Prenez place et venez m'aider
Tout doucement à dévider
Le fil léger de ma bobine.

Ils s'assoient.

3.

MYOSOTIS.

Sous le grand bois silencieux,
Il vous en souvient bien encore,
Vos yeux se miraient dans mes yeux,
Je vous disais : Je vous adore!
Tenez, votre main a frémi,
Quand à vos pieds je m'agenouille....

LA COMTESSE, se levant avec effroi.

Prenez garde, mon bel ami,
Vous allez casser la quenouille.

MYOSOTIS, avec désespoir.

La quenouille encore et toujours!
Instrument objet de ma haine!
Se peut-il donc que nos amours
Souffrent ainsi d'un bout de laine!
Mais vous tremblez, ô doux instant!
Et votre fil au doigt s'embrouille...

LA COMTESSE.

Parlé. Prenez garde...

Mon mari l'a dit en partant,
Cela casserait la quenouille.

ENSEMBLE.

MYOSOTIS.	LA COMTESSE.
Son cœur s'agite	Mon cœur s'agite
Rempli d'effroi!	Rempli d'émoi!
Son sein palpite!	Mon sein palpite!
Elle est à moi!	C'est fait de moi!
Elle est émue!	Je suis émue!
Et je la sens	Et je me sens
Tout éperdue	Tout éperdue
A mes accents!	A ses accents!

MYOSOTIS, à part.

Cette clef d'or, pendue à sa ceinture...
Ah! si j'osais!.. la nuit descend sur nous..

LA COMTESSE.

Je tremble à sa voix qui murmure,
  Qui murmure d'un ton si doux...
Et la quenouille est-elle encore entière?
Résistons, résistons à ses baisers...
  Je crois que j'en ai fait assez
  Pour en faire craquer le verre.

REPRISE DE L'ENSEMBLE.

LA COMTESSE.

Quand je pense que je suis là, à vous écouter, tandis
que mon pauvre mari, le malheureux comte, couchant à
la dure, guerroie contre les Sarrasins et reçoit des estafi-
lades pour la bonne cause!

MYOSOTIS.

Ah! des coups de griffes tout au plus....

LA COMTESSE.

Que voulez-vous dire ?

MYOSOTIS.

Voulez-vous savoir ce qu'il fait votre glorieux mari en
ce moment?

LA COMTESSE.

Il est chez les Sarrasins.

MYOSOTIS.

Dites plutôt chez les Sarrasines.

LA COMTESSE.

Je connais le comte, il est incapable..

MYOSOTIS.

Tenez, en regardant au travers de cette quenouille de
verre... vous pouvez connaître tous ses faits et gestes.

LA COMTESSE.

Tu veux rire?

MYOSOTIS.

Non pas. Le connétable a omis de vous faire connaître cette particularité du talisman ; la bonne fée, en donnant cette garantie aux maris, a voulu offrir une compensation à leurs femmes.

LA COMTESSE.

Voyons... Je ne vois rien !

MYOSOTIS.

Ah ! dame, il faut aussi beaucoup d'imagination !

Coup de tam-tam. — La toile de fond se lève.

Tableau représentant le connétable et son fidèle écuyer occupés à courtiser de jolies manantes.

Au bout d'une demi-minute tout disparaît.

LA COMTESSE.

Ah ! le misérable ! (A part.) C'est égal, je ne le croyais pas capable...

MYOSOTIS, à part.

On vient. J'ai la clef, et je serais bien maladroit si je ne profitais pas de ce qu'elle a vu et de ce que je lui ai dit.

Il se sauve.

SCÈNE IV

LA COMTESSE, puis LUCETTE.

LA COMTESSE, seule.

Myosotis. Je respire, enfin il est parti ! mais voyez-vous ce connétable comme il cachait son jeu... deux... il en tenait bien deux sous chaque bras. C'est ça, tout pour les autres, n'est-ce pas? et rien pour moi. Ah! par exemple, nous allons bien voir. (Lucette entre en lisant une lettre avec beaucoup de préoccupation.) Tiens, Lucette !

LUCETTE, épelant une lettre.

G-e-n, gen, t-e-te-gente

LA COMTESSE.

Qu'est-ce qu'elle tient là?

LUCETTE.

T-o-u-r, tour, t-e-te-r-el-rel-l-e-le, tourterelle. Ah ! comme c'est joli!

LA COMTESSE.

Qu'est-ce que tu lis donc?

LUCETTE, embarrassée.

Madame, c'est une lettre de monseigneur.

LA COMTESSE.

A toi adressée, allons donc!

LUCETTE.

Certainement, voyez plutôt la signature.

LA COMTESSE.

Mais oui, c'est bien sa croix. (Lisant) :

I

LETTRE

« Ne sais écrire ni lire
« Mes parents m'ont négligé.
Oh! oh!
« Le Magister de l'écrire
« De t'écrire s'est chargé

Parlé. Le magister !

Ah! ah!
« O ma gente tourterelle
Oh! oh!

« J'ai vingt ans, l'amour m'appelle
        Ah! ah!

Sans lire.

    Oh! oh! oh! ah! ah! ah!
    Quel joli mari j'ai là!...

II

« Et ce soir quand les horloges
« Tinteront l'heure où l'on dort,

Parlé. **Ce soir!**

        Oh! oh!
« Chambre vingt-trois où tu loges
« Tout au fond du collidor
        Ah! ah!

Parlé. **Le collidor!**

« En catimini ton maître
        Oh! oh!
« Aura l'honneur de paraître
        Ah! ah!
    — Oh! oh! oh! ah! ah! ah!
    Quel joli mari j'ai là.

III

« Je sens mon cœur plein de flamme
« Je t'embrasse, et puis voilà...
        Oh! oh!
« Si tu rencontres ma femme,
« Ne lui parles pas de çà.
        Ah! ah!

(Parlé) **Le polisson!**

« Elle pourrait dire en somme :
        Oh! oh!

« Dieu de Dieu, quel gredin d'homme !
— Oh ! oh ! oh ! ah ! ah ! ah !
Quel joli mari j'ai là !

LUCETTE, rêveuse.

En catimini?

LA COMTESSE, furieuse.

Encore une de ses victimes !.. Dans la chambre d'honneur numéro 23, au fond du collidor ! Ah ! c'est là que
vous logez vos maîtresses ! Eh bien, j'y serai...

LUCETTE.

Qu'est-ce que ça veut dire?

LA COMTESSE, avec explosion.

Il a vingt ans ! nous verrons bien ! (Allant à Lucette.) Va,
je te sauverai, pauvre enfant... je prendrai ta place.

LUCETTE, consternée.

Ah! ben merci!

LA COMTESSE.

Oui, je prendrai ce soir la chambre d'honneur, et toi, tu
logeras dans mon appartement...

LUCETTE.

Mais. madame...

LA COMTESSE, cherchant à sa ceinture.

Tiens, voilà la clef de ma chambre (Elle ne la trouve pas.) Je
croyais cependant l'avoir suspendue à cette ceinture. Enfin
n'importe, tu n'auras qu'à tourner le loquet.

LUCETTE.

Mais que dira monseigneur?

LA COMTESSE.

Laisse, c'est moi qui l'écouterai, et il trouvera à qui
parler. (Lucette soupire.) Mais on dirait que cet arrangement
te désespère...

LUCETTE.

Dame!

LA COMTESSE.

Comment? je te sauve!

LUCETTE.

De quoi?

LA COMTESSE.

Mais, tu n'as donc pas lu, malheureuse, il revient en catimini! En catimini!

LUCETTE.

En catimini!

LA COMTESSE.

Catamini me bouleverse, c'est horrible, un seigneur
qui revient en catimini.

LUCETTE.

Vous me faites peur!

LA COMTESSE.

En catimini, mais c'est la fin des fins!

LUCETTE.

Ciel! en catimini!

LA COMTESSE.

Ah! je te sauverai de cet effroyable catimini, viens,
pauvre enfant!

TOUTES DEUX, s'en allant.

En catimini!

SCÈNE V

LES HUSSARDS.

A peine Lucette et la comtesse ont-elles disparu, que l'on voit apparaître
mystérieusement à chacune des portes deux hussards, qui viennent se
ranger devant la rampe.

CHŒUR

Catimini! (*bis*)
C'est notre mot d'ordre aujourd'hui.
Catimini!
L'amour nous conduit ici
En catimini !
Nous voici les hussards fidèles
Qui courtisons les demoiselles !

Bis.

REPRISE .

Catimini! etc.

PREMIER HUSSARD

Oh ! mes amis, Valentine m'aime !

DEUXIÈME HUSSARD

Et moi donc! Béatrix m'adore!

TROISIÈME HUSSARD

Laure m'attend après la veillée.

QUATRIÈME HUSSARD

Après la veillée, moi aussi j'ai un rendez-vous avec Rosalinde.

CINQUIÈME HUSSARD

Eh bien ! messieurs, vous êtes peu discrets; quant à
celle que j'aime, je ne la nomme pas, mais son nom est
gravé dans mon cœur.

PREMIER HUSSARD

Chut! j'entends du bruit par ici.

DEUXIÈME HUSSARD

On marche par là.

TOUS.

Sauvons-nous !

TROISIÈME HUSSARD

Soyons prudents, attendons la veillée... patience et mystère !

TOUS.

Patience et mystère !

CINQUIÈME HUSSARD

Et n'oublions pas notre mot d'ordre.

TOUS, en s'en allant rangés deux par deux.

Catimini !
C'est notre mot d'ordre aujourd'hui.
Catimini !
L'amour nous conduit ici
En catimini ! } *Bis*
Nous voici les hussards fidèles
Qui courtisons les demoiselles !

(Ils sortent.)

SCÈNE VI

CLOS-VOUGEOT puis SAINT-ESTÈPHE.

CLOS-VOUGEOT entre, une quenouille à la main.

Voilà mon plan ! j'avance la besogne de la comtesse. (S'embrouillant.) Seulement ce n'est pas commode, il faut l'habitude... tisser les draps du mari que l'on veut mettre dedans, voilà une idée originale qui me fera honneur à la cour ! (Il rit.) Oh ! oh ! quand on le saura... Diable de fil, fil récalcitrant !

SAINT-ESTÈPHE entre de l'autre côté, une quenouille à la main.

Que pensez-vous de ma ruse, ce n'est pas Clos-Vougeot qui... (S'embrouillant.) Ah dame ! il faut avoir les doigts déliés !

CLOS-VOUGEOT.

Oh ! quelqu'un !

SAINT-ESTÈPHE.

Ouais, je n'étais pas seul ?

CLOS-VOUGEOT.

Ce cher Saint-Estèphe, encore ici ?

SAINT-ESTÈPHE.

Et pourquoi n'y serais-je pas, charmant compagnon ?

CLOS-VOUGEOT.

Vous perdez votre temps, mon cher, vous ne gagnerez pas la partie.

SAINT-ESTÈPHE.

Vraiment, pas plus tard que ce soir après la veillée, vous me verrez vainqueur.

CLOS-VOUGEOT.

Jeune présomptueux, avant une heure la comtesse m'idolâtrera.

SAINT-ESTÈPHE.

Petit crevé !

CLOS-VOUGEOT.

Gommeux, va !

Les fils de leurs deux quenouilles s'embrouillent.

SAINT-ESTÈPHE avec stupéfaction.

Tiens ! qu'est ceci ?

CLOS-VOUGEOT, même jeu.

Ouais, voilà un fil étranger.

SAINT-ESTÈPHE.

Voici un fil conducteur.

CLOS-VOUGEOT.

Probablement, le télégraphe qui passe par ici !..

SAINT-ESTÈPHE, à Clos-Vougeot qui dissimule sa quenouille derrière
son dos.

Ah çà, qu'est-ce que vous cachez donc dans le dos ?

CLOS-VOUGEOT, même jeu.

Et vous-même ?

SCÈNE VII

Les Mêmes, MYOSOTIS, puis ARTHÉMISE et
Les Dames d'honneur, puis LA COMTESSE et
LUCETTE.

MYOSOTIS, entrant et ramassant les bobines.

Vidame, à vous cette bobine, cette autre à vous, baron...
Ah ! vous filez fort bien !

CLOS-VOUGEOT.

Encore deviné par ce maroufle !

SAINT-ESTÈPHE.

Encore volé !

MYOSOTIS.

Excellente idée, messeigneurs, qui va réjouir tout à
fait la comtesse.

ARTHÉMISE, en dehors.

Venez, mesdemoiselles !

MYOSOTIS.

Voici justement ses femmes qui viennent pour la veillée ; vous allez faire assaut d'habileté avec ces bonnes tra-
vailleuses de lin.

Il rit.

CLOS-VOUGEOT.

Encore enfoncé !

SAINT-ESTÈPHE.

Il faut trouver autre chose.

ARTHÉMISE, entrant suivie des dames d'honneur.

Venez, mesdemoiselles... Singulière idée, la comtesse m'a signifié qu'elle entendait dormir cette nuit dans le pavillon sud-ouest, chambre numéro 23.

CLÉMENTINE.

Au fond du corridor...

ANNA.

La chambre d'honneur...

BÉATRIX.

De l'autre côté du parc...

ARTHÉMISE.

C'est là qu'il faut nous rendre après la veillée, pour procéder à la toilette de notre noble maîtresse.

VALENTINE.

La nuit, dans le parc. Je sens que je vais avoir peur.

BÉATRIX

Tais-toi! nous nous ferons accompagner par les hussards.

LA COMTESSE, entrant avec Lucette.

Tu m'as comprise, Lucette?

LUCETTE.

Oui, madame.

LA COMTESSE.

Eh bien, mesdemoiselles, nous n'avons pas l'air bien disposé au travail aujourd'hui. (A part.) Pas plus que moi d'ailleurs.

LUCETTE, songeuse.

En catimini?

SAINT-ESTÈPHE.

Chambre numéro 23, comment faire pour la trouver?

CLOS-VOUGEOT.

Elle sera dans la chambre numéro 23 ; mais où est-elle ?

LA COMTESSE.

Allons, allons, à l'ouvrage !

TOUTES.

A l'ouvrage !

FINAL

CHŒUR

Filons, filons la quenouille,
Filons, sachons travailler.
Si le fil au doigt s'embrouille,
Nous saurons le débrouiller.

LA COMTESSE, parlant sur la ritournelle.

Et vous, messieurs, tenez nos bobines pendant que nous filerons.

CHANSON DU FIL

I

Comme une eau qui coule
Autour des roseaux,
Le chanvre s'enroule
Autour des fuseaux.
On y touche à peine
Ainsi, tenez là
On tourne la laine
On fait comme ça.
Suivez bien, Mesdames,
Ce jeu si subtil

Ainsi font les femmes
Au pays du fil.

II

D'une main bien douce
On fait plusieurs tours,
Tout bas, sans secousse.
Vous tournez toujours.
Sur le fuseau frêle
Si, par ci, par là,
Le chanvre s'emmêle
On fait comme çà.
Suivez bien, Mesdames,
    Etc., etc., etc.

REPRISE.

SAINT-ESTÈPHE, montrant la bobine de sa quenouille.

Je la tiens, mon Ariane,
Avec ce fil conducteur.

CLOS-VOUGEOT, même jeu.

Ce peloton, Dieu me damne,
Me conduira jusqu'à son cœur.

Ils vont, en se cachant, attacher chacun d'un côté à la robe de la comtesse
leur peloton de laine.

MYOSOTIS, qui les a observés.

Je comprends enfin leur manége,
Mais je prétends les bafouer.
Je m'en vais les prendre à leur piége
En sachant bien le déjouer.

Il détache sans être vu les fils, et les attache à la robe d'Arthémise.

LA COMTESSE.

Travaillons bien (bis),
Déjà notre fil se débrouille.

Surtout, enfants, ne faisons rien
Qui pourrait casser la quenouille.

UN HUSSARD, à Valentine.

Rappelez-vous votre promesse.

VALENTINE.

Je m'en souvien, je m'en souvien.

DEUXIÈME HUSSARD, à Béatrix.

Ayez pitié de ma tendresse.

BÉATRIX.

J'ai pitié, mais n'en dites rien (*bis*).

LA COMTESSE.

Allons à l'ouvrage,
Filons avec courage,
N'ayons aucun souci,
Filons avec courage.
Ici bas tout passe,
Ici bas tout lasse,
Ici bas tout passe,
Mais les amours, nenni.

REPRISE EN CHOEUR.

LA COMTESSE.

Maintenant, ô mes femmes,
Arrêtez fils et trames.
Bonsoir, messieurs, bonsoir, mesdames,
Assez filé pour aujourd'hui !

MYOSOTIS.

Leur vertu sévère
Ne tient-qu'à ce verre
Bientôt cassé.

Tout le monde sort, excepté Myosotis ; Arthémise s'en va en dévidant la laine qui est attachée à sa jupe — Les deux gentilshommes, trompés par la ruse de Myosotis, suivent leurs pelotons sur le parquet, se croyant sur les traces de la comtesse.

MYOSOTIS, seul.

Le tour est fait, les voilà qui s'éloignent!.. il y a loin à travers le parc, de ce pavillon au château, et la nuit est profonde. En route, bien des couples se rejoignent, bien des mains se pressent... Et voilà les quenouilles qui volent en éclats !

Grand bruit de verre cassé dans la coulisse.

Rideau.

ACTE TROISIÈME

Une chambre moyen âge : c'est le soir. — Flambeaux allumés.

SCÈNE PREMIÈRE

VALENTINE, BÉATRIX, Dames d'honneur.

CHŒUR.

Soyons partout,
Que l'on s'empresse,
Pour la comtesse
Préparons tout .

BÉATRIX.

Qu'avez-vous donc, Valentine?

VALENTINE.

Et vous-même, Béatrix?

BÉATRIX.

Et toi, Anna?

TOUTES.

Ah! si vous saviez!

BÉATRIX.

Je parie qu'il vous est arrivé la même chose qu'à moi.

CLÉMENTINE.

Ce soir, à la veillée, nous avons été quelque peu tendres
pour les hussards.

VALENTINE.

Et tu y penses encore?

BÉATRIX.

Ils sont si gracieux !

CLÉMENTINE.

Si pimpants!

TOUTES.

Oh! les hussards!

VALENTINE.

I

CLÉMENTINE.

On le sait quand une fille
Tout bas rougit, et que brille
L'éclair de son noir regard...

ROSALINDE.

Quand son petit cœur soupire,
Sans erreur on peut le dire,
C'est la faute d'un hussard.

REFRAIN ENSEMBLE

C'est cela !
Et voilà
Comme un cœur tendre
Se laisse prendre
A l'agrément du régiment !

II

BÉATRIX.

Ma fille, pour quelle cause
Avez-vous le front si rose,
Lui dit sa mère à l'écart?

VALENTINE.

Tremblante et baissant la tête :
Ah ! maman, dit la fillette,
C'est la faute d'un hussard.

REFRAIN ENSEMBLE
C'est cela, etc.

Les demoiselles d'honneur se retirent un peu au fond.

SCÈNE II

LES MÊMES, CLOS-VOUGEOT, SAINT-ESTÈPHE.

Ils entrent chacun d'un côté. Les chambrières et demoiselles d'honneur, sans les apercevoir, disposent les meubles et procèdent à l'installation de la toilette.

CLOS-VOUGEOT, à part.
Je viens de chez la comtesse.

SAINT-ESTÈPHE, même jeu.
Je sors de chez la comtesse.

CLOS-VOUGEOT.
Guidé par mon fil conducteur, j'arrive...

SAINT-ESTÈPHE.
Tout d'abord, ça allait bien.

CLOS-VOUGEOT.
J'avance à tâtons dans l'ombre.. Je cherche.. je saisis
une forme humaine, et sans plus tergiverser, j'applique
deux gros baisers, et allez donc !

SAINT-ESTÈPHE.
A peine entré, deux gros baisers me tombent sur la joue.
Je ne sais d'où.

CLOS-VOUGEOT.

Bon exorde!

SAINT-ESTÈPHE.

Bon pronostic !

CLOS-VOUGEOT.

Une voix s'écrie alors avec effroi : Qui est là? Si vous
êtes un voleur, prenez mes bijoux, là, dans le tiroir de la
commode, mais laissez-moi la vie.

SAINT-ESTÈPHE.

Si vous êtes un amoureux, prouvez-moi votre amour
en me laissant l'bonneur.

CLOS-VOUGEOT.

Je ne m'arrête pas à d'inutiles discours.

SAINT-ESTÈPHE.

La comtesse divague..

CLOS-VOUGEOT.

Elle me traite de Visigotb !

SAINT-ESTÈPHE.

Elle m'appelle Alaric!

CLOS-VOUGEOT.

Oh ! vaines injures !

SAINT-ESTÈPHE.

Tout à coup, qui pourrait croire à une telle énergie chez
cet être délicat.

CLOS-VOUGEOT.

Soudain, ô biceps étonnant!

SAINT-ESTÈPHE.

Je suis flanqué violemment à la porte.

CLOS-VOUGEOT.

Je suis lancé par la fenêtre.

SAINT-ESTÈPHE.

Cric-crac, la voilà enfermée à double tour.

CLOS-VOUGEOT.

Energie un peu tardive !

SAINT-ESTÈPHE, avec satisfaction.

Eh ! eh ! c'est égal...

VALENTINE, apercevant les deux seigneurs.

Messieurs, messieurs, vous ne pouvez rester ici.

BÉATRIX.

Vous êtes ici chez la comtesse, dans la chambre numéro 23.

CLOS-VOUGEOT.

Comment !... dans la chambre 23 ?

SAINT-ESTÈPHE.

Mais alors d'où viens-je ?

CLOS-VOUGEOT.

D'où sors-je ?

VALENTINE, les poussant.

Allons !... allons !

CLOS-VOUGEOT ET SAINT-ESTÈPHE.

Etrange !

Ils sortent.

SCÈNE III

LA COMTESSE, LUCETTE, VALENTINE,
BÉATRIX, CHAMBRIÈRES.

BÉATRIX.

Il était temps !... voici madame la comtesse !

LA COMTESSE, entrant avec Lucette.

Mais enfin, Lucette, qu'as-tu à soupirer de la sorte !

Elle s'asseoit devant une toilette et les demoiselles d'honneur procèdent à sa toilette de nuit.

LUCETTE.

Ah ! si madame savait !

LA COMTESSE.

Quoi ?

LUCETTE.

L'aventure qui vient de m'arriver ! Pour sûr le château est hanté par les esprits !

LA COMTESSE, riant.

Folle !

LUCETTE.

Surtout la chambre de madame, la mienne maintenant, puisque madame a voulu changer...

LA COMTESSE.

Voyons, raconte-nous cela ?

LUCETTE.

Voilà !.. J'étais donc dans cette chambre, attendant l'heure du coucher de madame, et contemplant l'azur des cieux... La nuit arriva peu à peu et je m'assoupis... c'est alors qu'il me sembla qu'un esprit follet entrait et me pressait la main. Puis, je crois bien qu'il déposa un baiser sur mon front... je dormais toujours... (Tressaillant.) Que ces esprits sont folâtres !.. Ah ! monsieur... et le voilà qui se sauve en s'écriant : ciel !.. ce n'est pas elle !

LA COMTESSE.

(A part.) Ah ! monsieur Myosotis, voilà de vos tours... (Haut.) Tu es folle !... cette fille a des idées étranges... c'est comme cette toilette de mariée qu'elle s'obstine à toujours conserver.

LUCETTE.

Dame, mon mari m'a dit de la garder tant que je ne saurai pas ce que c'est que les droits du seigneur.

LA COMTESSE, riant.

Et ne t'en doutes-tu pas?

LUCETTE.

En aucune façon.

LA COMTESSE, avec incrédulité.

Allons donc, à ton âge? (Se tournant vers les femmes.) Je suis bien sûre que ces demoiselles...

Les dames sourient sans répondre.

LUCETTE.

Alors, madame, expliquez-le-moi.

LA COMTESSE.

Volontiers, écoute...

CHANSON DES DROITS DU SEIGNEUR

I

C'est un droit, comment le décrire,
Inventé dans un âge ancien,
Mon Dieu, c'est difficile à dire,
C'est le droit... tu me comprends bien,
Le droit de te conter fleurette,
D'enlever ce fichu du doigt,
De chiffonner ta collerette...
        C'est le droit...
Enfin c'est le droit, turlurette!
Pour un joli droit, c'est un joli droit. (bis)

II

C'est le droit que prend ta pantoufle
De serrer ton pied gracieux,

Le droit que prend le vent qui souffle
De caresser tes noirs cheveux,
De prendre un baiser en cachette
Au coin de ta joue, où l'on voit,
Quand tu souris, une fossette...
> C'est le droit...
Enfin... c'est le droit... turlurette!
Pour un joli droit, c'est un joli droit. (*bis*)

LUCETTE, réfléchissant.

Turlurette?..

LA COMTESSE.

Eh bien, Lucette, comprends-tu maintenant?

LUCETTE.

Nenni!

LES FEMMES, en chœur.

Oh! la niaise!

LA COMTESSE.

Eh bien, mesdemoiselles, respectez cette innocence trop
peu commune. (On entend du bruit dans la coulisse à gauche, c'est la voix
d'Arthémise.) Mais qu'est-ce encore?.. voilà une soirée bien
agitée.

SCÈNE IV

LES MÊMES, ARTHÉMISE.

ARTHÉMISE, entrant précipitamment.

Madame, les Visigoths sont revenus!

LA COMTESSE.

En voilà bien d'une autre!

ARTHÉMISE.

Ah ! j'ai bien reconnu leur chef, le grand Alaric. Ses pareils à deux fois ne se font pas connaître.

LA COMTESSE.

Ah çà ! tout le monde est-il fou ici ?

ARTHÉMISE.

En vain je veux employer la persuasion. « Cher Alaric, je comprends votre amour fatal. Eh bien, légitimons nos liens devant le chapelain du château. »

VALENTINE.

Et là-dessus, il se sauve, j'espère...

ARTHÉMISE.

Il ne m'écoute pas... Alors, indignée, je le jette à la porte, et je ferme à double tour.

LA COMTESSE.

Vaillante Arthémise, t'en voilà enfin débarrassée !

ARTHÉMISE.

Pas du tout. Je me retourne et je le retrouve vis-à-vis de moi... Je ne sais par où il était entré...

LA COMTESSE.

Ces Visigoths sont étonnants.

ARTHÉMISE.

Cette fois, je le précipite sans pitié par la fenêtre. (Elle cache sa tête dans ses mains.) Un homicide... un visigothicide !

BÉATRIX.

Oh ! un entresol, il n'a pas dû se faire grand mal. Rassurez-vous, bonne Arthémise, il pourra revenir.

ARTHÉMISE.

Et j'accours, madame, vous avertir de cette nouvelle invasion.

LA COMTESSE.

Simple cauchemar que tout cela... tu as rêvé...

ARTHÉMISE.

Rêvé ! je suis sûre du contraire.

LE COMTESSE, bâillant.

Allons, mesdames, il se passe ce soir des choses bien
surprenantes. Que chacune de vous fasse monter la garde
par deux archers à la porte de sa chambre, et qu'on me
laisse dormir, je tombe de fatigue. (A part.) Et puis, le connétable peut arriver d'un instant à l'autre. Va, Lucette, re-
tire-toi.

LUCETTE s'en va comme à regret, et revient sur ses pas.

Madame a-t-elle bien   réfléchi aux conséquences que
peut avoir notre ruse?

LA COMTESSE.

Mais oui, rassure-toi.

LUCETTE, revenant.

Mais enfin si monsieur le comte, croyant avoir affaire à
une simple manante, allait manquer de respect à madame?

LA COMTESSE.

Plaise à Dieu !

CHŒUR DES FEMMES.

Retirons-nous (*bis*).

Elles sortent.

SCÈNE V

LA COMTESSE, seule.

Dire, que sur tant de femmes enfermées dans ce château, une seule a su garder sa quenouille intacte, et c'est
précisément la seule qui soit mariée. (Soupir.) Etrange !
Ce Myosotis !... Bah ! tous les hommes sont des trompeurs,
et je veux l'oublier. (Elle bâille.) Je sens le sommeil qui me

gagne... mon Dieu! qu'il est malaisé d'être sage! Ah! monsieur mon mari, si pourtant vous n'étiez pas toujours en route! (S'endormant sur le canapé.) Enfin, attendons-le...

Elle s'endort.

SCÈNE VI

LA COMTESSE endormie, MYOSOTIS.

MYOSOTIS, entrant sur la pointe du pied.

Elle dort!.. qu'elle est belle ainsi!.. Ah! si j'osais ..

RÊVERIE

Tu dors, tout bas ton sein respire,
    Et je te voi
Sourire, hélas! mais ton sourire
    N'est pas pour moi.

Tu rêves sans doute à la brise
    Dont les parfums
Caressent ton front qui s'irrise,
    Tes grands yeux bruns.

Tu rêves d'une voix touchante
    Qui tout le jour
Te parle à l'oreille et te chante
    Des mots d'amour.

Tu rêves d'un sylphe timide,
    Qui veut oser
Et n'ose, sur ta lèvre humide,
    Mettre un baiser.

Eh bien, cette voix c'est la mienne,
                    Disant ses vœux.
Cette brise, c'est mon haleine
                    Dans tes cheveux.

Ce sylphe qui tout bas soupire,
                    C'est encor moi,
Moi qui voudrais t'entendre dire :
                    Je suis à toi.

Parlé. Ma foi, arrive que pourra... Elle me doit bien ça.

Il se penche pour embrasser la comtesse. On entend un bruit d'armes
à la cantonade. Myosotis s'arrête.

Ciel, quel est ce bruit? On vient... où me cacher?
(Il souffle la lumière et se met derrière la draperie.) Le comte !..

Obscurité.

SCÈNE VII

Les Mêmes, CLOS-VOUGEOT, SAINT-
ESTÈPHE, puis LE CONNÉTABLE et RENÉ.

CLOS-VOUGEOT, entrant par la droite

La chambre 23 !... pour le coup j'y suis !

SAINT-ESTÈPHE, entrant à gauche.

M'y voici !

MYOSOTIS.

Quels sont ces importuns ?

CLOS-VOUGEOT, étendant les bras.

Orientons-nous.

SAINT-ESTÈPHE, même jeu.

Naviguons dans cette obscurité...

5

RENÉ, dans la coulisse.

Par ici... par ici.

Il entre suivi du comte.

CLOS-VOUGEOT.

Ouais !... quelqu'un.

SAINT-ESTÈPHE.

Ce ne peut être que Clos-Vougeot.

CLOS-VOUGEOT.

Probablement ce sacripant de Saint-Estèphe.

SAINT-ESTÈPHE.

Que je te trouve !

CLOS-VOUGEOT.

Que je t'attrape !

LE COMTE.

Ouf! comme il fait noir ici !

LA COMTESSE, se réveillant.

Mon mari !

MYOSOTIS.

La voix du comte !... La situation se complique.

RENÉ, s'adressant à Clos-Vougeot qu'il prend pour le comte.

Veux-tu que j'aille chercher des allumettes?

CLOS-VOUGEOT.

Hein ?

LE COMTE, à Saint-Estèphe qu'il prend pour René.

Non, cette obscurité me plaît.

SAINT-ESTÈPHE.

Bigre !... le comte !

LE COMTE.

Tu ne vois pas la rougeur que j'ai sur le front.

LA COMTESSE.

Que dit-il donc?

SAINT-ESTÈPHE.

Dérobons-nous.

Il se dirige vers l'alcove.

RENÉ, à Clos-Vougeot.

Voyons! veux-tu que j'aille chercher des allumettes.

CLOS-VOUGEOT.

Qu'est-ce qu'il a donc avec ses allumettes, celui-là... si je pouvais m'esquiver!

Il se dirige vers l'alcove.

LE COMTE.

Ah çà ! — Où diable es-tu ?

RENÉ.

Me voici!

Il se retourne du côté du comte.

CLOS-VOUGEOT et SAINT-ESTÈPHE, se reconnaissant au moment d'entrer dans la même alcove.

Ah !

MYOSOTIS, les poussant dans l'alcove.

Silence !... ou vous êtes perdus.

LE COMTE, à René.

Tu dis ?...

RENÉ.

Moi ?.. rien.

LE COMTE.

Tu as dit que j'étais perdu

MYOSOTIS, fermant les rideaux sur Clos-Vougeot et Saint-Estèphe.

Je vous tiens, mes drôles.

LE COMTE.

O René ! tu vois, ou plutôt tu ne vois pas un homme bourrelé de remords.

RENÉ.

Veux-tu que j'aille...

LE COMTE.

Chercher des allumettes... Mais non ; tu sais bien qu'il y a un impôt.

LA COMTESSE.

Il n'est pas seul.

LE COMTE.

Nous sommes bien sots de courir après les aventures, quand nous avons au logis tout le bonheur désirable... As-tu jamais regardé la connétable ?

RENÉ.

Si je l'ai regardée !

LE COMTE, furieux.

Comment, vil insecte...

RENÉ.

Amoureux d'une étoile !

LE COMTE, même jeu.

Tu t'es permis !.. (Changeant de ton.) N'est-ce pas qu'elle est belle ?

RENÉ.

Ah, oui ! je l'eusse épousée volontiers !

LA COMTESSE.

Ah çà! que disent-ils ?

MYOSOTIS.

Comment, est-ce que mon oncle serait devenu amoureux de ma tante?

LE COMTE.

Enfin, René, un miracle s'est opéré en moi, j'aime ma femme.

RENÉ.

C'est l'effet du voyage?

LE COMTE.

Ah! si elle apprend jamais! je suis sûr que je dois être pâle.

RENÉ.

Décidément, je vais aller chercher des allumettes. (Fausse sortie. — Revenant.) Adieu, frère!

LE COMTE.

Il n'y a personne, va, tu peux m'embrasser, mon vieux compagnon.

Ils se cherchent à tâtons, se rencontrent et s'embrassent.

RENÉ.

Ah! je te retrouve donc enfin... et maintenant tout à Lucette!

Il sort.

SCÈNE VIII

LES MÊMES, moins RENÉ.

LA COMTESSE.

Qu'ai-je entendu? tout cela est-il bien vrai? il faut l'éprouver jusqu'au bout. (Toussant.) Hem! hem!

MYOSOTIS.

Que veut dire cela? me voilà bien, moi.

LA COMTESSE.

Hem! hem!...

LE COMTE.

Qui est là?

LA COMTESSE.

Moi, Lucette, monseigneur.

LE COMTE.

Lucette! Ah! diable, je n'y pensais plus, je suis dans la chambre numéro 23.

MYOSOTIS.

Comment, elle veut passer pour Lucette?

LA COMTESSE.

Eh bien, mon cher seigneur, ne venez-vous pas vous asseoir près de moi?

La comtesse cherche son mari, lui prend la main, et le fait asseoir près d'elle sur le canapé.

LE COMTE.

C'est qu'il n'y a pas de lumière.

LA COMTESSE.

Et pourquoi faire, de la lumière?

LE COMTE.

Comment, pourquoi faire? (A part). Elle est toujours aussi niaise, la pauvre enfant.

LA COMTESSE.

Vous avez fait un bon voyage?..

MYOSOTIS.

Cette scène conjugale ne peut que mal finir pour moi.

LA COMTESSE.

Vous ne m'avez pas même dit : bonjour... Donnez-moi la main.

LE COMTE, à part.

Jamais de la vie... avec ma nature inflammable... Et ma pauvre petite femme?

MYOSOTIS.

Si j'essayais.

Il passe sa main entre eux, la comtesse la prend et la presse.

LA COMTESSE, à part.

Il faiblit, le gros infidèle !

LE COMTE.

Voyez-vous, ma chère enfant, (Il prend l'autre main de Myosotis.) il faut se faire une raison, vous avez un mari.. un ex-
cellent mari, il faut l'aimer.. comme il vous aime... comme
j'aime ma femme... (Il s'attendrit.) c'est la loi du mariage.

LA COMTESSE, se levant.

Non! non, il est affreux, mon mari ! Et quand je le
compare à vous... quand je contemple votre belle pres-
tance...

LE COMTE.

Eh ! eh !

LA COMTESSE.

Votre air serein...

MYOSOTIS.

Pour ça... oui.

LE COMTE.

Eh! eh! la petite a du goût..

LA COMTESSE.

Ah! vous le savez bien, vous êtes un frère d'Apollon.

LE COMTE.

Oh ! son beau-frère, tout au plus !

LA COMTESSE.

Ne me repoussez pas. .

Elle lui passe les bras autour du cou et pleurniche sur sa poitrine.

LE COMTE, troublé.

Ses bras sont du satin ! oh ! saint Oscar, mon patron,
aies l'œil sur moi, mon bonhomme.

LA COMTESSE.

Il chancelle, le monstre !

MYOSOTIS.

Oh! mes illusions sur les femmes du monde!

LE COMTE, résolûment.

Eh bien, non, je ne faiblirai pas.

Il la repousse.

LA COMTESSE.

Le cher ange! je le savais bien; pourtant là-bas dans le petit village, oh! le monstre, tentons une dernière épreuve.

LE COMTE, à part.

Oh! ma femme, si tu étais là, tu serais contente de moi.

LA COMTESSE.

Monseigneur!

LE COMTE.

Quoi encore? (A part.) Je voudrais bien m'en aller.

LA COMTESSE.

Ma laine vient de se rompre, j'ai perdu ma bobine, ayez donc la bonté de tenir la quenouille.

LE COMTE, à part.

Moi, que je tienne... au fait, cela ne me compromet pas. (Haut.) Eh bien soit, mais après, comme je te l'ai dit, ma chère enfant, j'irai retrouver ma chère femme que j'idolâtre.

LA COMTESSE.

Il est à croquer, là, donnez-moi votre main, prenez la quenouille.

LE COMTE.

Quelle main mignonne... ô saint Oscar, tu m'abandonnes?

LA COMTESSE.

Il fait tout ce qu'on veut, oh! pauvre chéri, embrassons-le.

LE COMTE.

Ma foi tant pis, donnons-lui un baiser.

La comtesse se penche pour embrasser son mari, Myosotis se met entre eux, donne sa joue à embrasser à la comtesse et sa main au comte. — La quenouille se brise.

LE COMTE.

Ouais! qu'est cela? à moi, de la lumière !..

Les rideaux du fond s'ouvrent. Deux pages entrent au fond avec des torches.

Petite malheureuse! (Reconnaissant sa femme.) Ciel! ma femme!

LA COMTESSE, apercevant Myosotis qui cherche à se dissimuler.

C'était Myosotis?

LE COMTE.

M'expliquerez-vous, madame?

LA COMTESSE.

Rien de plus simple, prenez-vous-en à vos propres infidélités, mauvais don Juan; c'est dans vos mains que la quenouille s'est cassée.

LE COMTE.

Mais...

LA COMTESSE.

Ah! voilà bien du bruit pour une quenouille brisée!

COUPLETS

I

Ne prenez pas cet air sévère,
Ne grondez pas, mon cher époux,
Tous ces objets qui sont en verre
Sont très-fragiles, voyez-vous. (*Bis.*)
Pour un rien ça s' fêl', ça craque,
Au moindre choc ça se détraque,
Ça s'raccommod'...(*bis*)allons,voyons, ⎫
Les morceaux en sont encore bons ⎬ *Bis.*

II

Grand-mère était une honnête femme
Ell' me disait : fillette, vois-tu,
Nos maris, que toujours on blâme,
Manquent parfois à la vertu. (*bis*)
Pour d'autres leur cœur s'éparpille ;
Mais ils nous reviennent toujours, ma fille,
Sois indulgente (*bis*), allons, voyons, ⎱ *Bis.*
Les morceaux en sont encore bons. ⎰

III

Comme vous, un mari volage
S'enfuit à la chasse au tendron :
Mais tous les garçons du village
Le reçur'nt à coups de bâton. (***Bis***)
Il revint en capitolade,
Sans dents, l' nez poché, l'œil malade ;
Vous êtes un monstre ! (***Bis***) Allons, voyons ⎱ *Bis.*
Les morceaux en sont encore bons. ⎰

LE COMTE.

Mais tout cela ne me dit rien... holà ! mes gardes !...
tout le monde !

SCÈNE IX ET DERNIÈRE

LES MÊMES, ARCHERS, HUSSARDS, DEMOISELLES
D'HONNEURS avec des torches et des lanternes, puis CLOS-
VOUGEOT et SAINT-ESTÈPHE, ensuite AR-
THÉMISE.

LE COMTE.

Et, maintenant, madame, m'expliquerez-vous pourquoi
Myosotis se trouve ici.

LA COMTESSE.

Ne l'avez-vous pas constitué le gardien de mon honneur; il n'était ici que pour me sauver des obsessions de
deux grotesques.

MYOSOTIS, allant à l'alcove et en tirant Clos-Vougeot
et Saint-Estèphe.

Les coupables, les voici !

CLOS-VOUGEOT ET SAINT-ESTÈPHE, aux genoux du comte.

Grâce, monseigneur !

LE COMTE.

Sang et mort !... Vous, messieurs, dans la chambre de
la comtesse. — Qu'on les pende !

ARTHÉMISE, arrivant avec précipitation de droite.

Arrêtez, monseigneur. — Moi aussi, je demande jus-
tice et réparation contre deux soudards.

LE COMTE.

Hein ?

ARTHÉMISE.

Voilà des preuves !

Elle montre deux cuissards.

LE CONNÉTABLE, à Clos-Vougeot et Saint-Estèphe.

Vos armes, messieurs!

CLOS-VOUGEOT, avec horreur.

Quoi !.. — Cette femme respectable.

ARTHÉMISE.

C'étaient ces ostrogoths !

LE COMTE.

Comment! c'est d'Arthémise que... (Il étouffe un éclat de rire.)
Ceci change la question... il y a une jeune fille compro-
mise... Messieurs, vous tirerez au sort à qui ne sera pas
son mari.

ARTHÉMISE.

Enfin j'en tiens un au moins.

CLOS-VOUGEOT.

(A part.) Je décampe ce soir.

SAINT-ESTÈPHE, à part.

Cette nuit, je prends la fuite.

LE COMTE.

René, tu peux emmener ta femme...

RENÉ.

Merci, ma vieille !

LUCETTE, à René.

Mais enfin, qu'est-ce donc que ce droit du seigneur ?

RENÉ, bas à l'oreille de Lucette.

C'est...

LUCETTE.

Bah !... Ah ! ben, il y a longtemps !..

RENÉ, se redressant.

Était-il noble, au moins ?

LE COMTE.

Eh bien, comtesse, êtes-vous satisfaite ?

LA COMTESSE.

Ah ! monsieur mon mari, vous l'avez échappé belle, et
je compte maintenant sur votre fidélité absolue ; plus de
Sarrasins.

LE COMTE.

Ni de Sarrasines.

MYOSOTIS.

Le droit du seigneur est mort, vive le droit du capitaine !

LA COMTESSE.

Oh ! tu n'es encore que lieutenant.

COUPLET AU PUBLIC

MYOSOTIS.

Vous avez dû lir' tout enfants
La quenouille dans les cont's de fée

LA COMTESSE.

Maintenant que vous êtes grands,
Nous l'avons corsée, étoffée;
L'objet est fragile au toucher.

MYOSOTIS.

Epargnez sa frêle enveloppe

LA COMTESSE.

Ah! messieurs, n'allez pas briser
La quenouille de Pénélope.

REPRISE DU CHOEUR.

La quenouille (bis)
La quenouille de Pénélope.

FIN

CHATILLON-SUR-SEINE. — IMPRIMERIE E. CORNILLAC